プイプイ Pui Pui モルカーの ハンドメイド

主婦と生活社

PUI PUI モルカーの
プイプイハンドメイド

CONTENTS

アイロンビーズ

キャラ弁

フェルトソープ

クッキー

プラ板

アイスクリーム

刺しゅう

ニードルフェルト

かわいいモルカーたちを
ニードルフェルトで作りましょう！
ふんわりキュートに仕上げます。

● 作り方 ● P.6 ▶ P.11 P.33

ポテトとシロモ、
プイプイお話し中

お花の上にふんわりのせても、かわいい!

どこに置いても
動き出しそうな
モルカーたち

ニードルフェルトの
ポテトを作りましょう！

型紙とよく見比べながら作りましょう！

●●

アクレーヌ

山高ボタン

●● 材 料 ●●
アクレーヌ
生成(113)10g
オレンジ(130)・薄ピンク(124)・
ピンク(123)各2g
茶(120)・黄(105)各1g
山高ボタン
(直径10mm)2個

●● 用 具 ●●
フェルティング用ニードル(極細)
フェルティング用マット
縫い針・縫い糸

ポテトの材料が全て入ったキット
「ニードルフェルトでつくる
　PUI PUI モルカー ポテト」
もあります。

※詳しくはP.33で紹介しています。

ニードルフェルトの基礎

● 材料の分け方 ●

[ちぎって分ける]

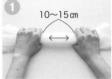

❶ 10〜15cm

❷

中心から間をあけて、つかみます。(←→は繊維の方向です)

左右に引っ張り、ちぎります。ちぎれないときは、❶の間隔を少し広げましょう。

[さいて分ける]

❶ 先を等分に分けます。(ここでは5gを5等分にしています)

❷ 太さがなるべくかわらないように、下までさきます。

❸ 1gが5本できました。

● 刺し方 ●

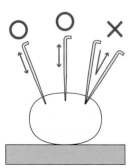

○ ○ ×

専用針でくり返し刺すと徐々にまとまり、固くなります。まっすぐに刺して、まっすぐに抜きましょう。

[深く刺す]

針がマットに当たるか、針の根元近くまで深く刺します。大きく形を作るときの刺し方です。

[浅く刺す]

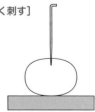

表面を軽く刺します。柄をつけるときや、形や表面を徐々に整えるときの刺し方です。

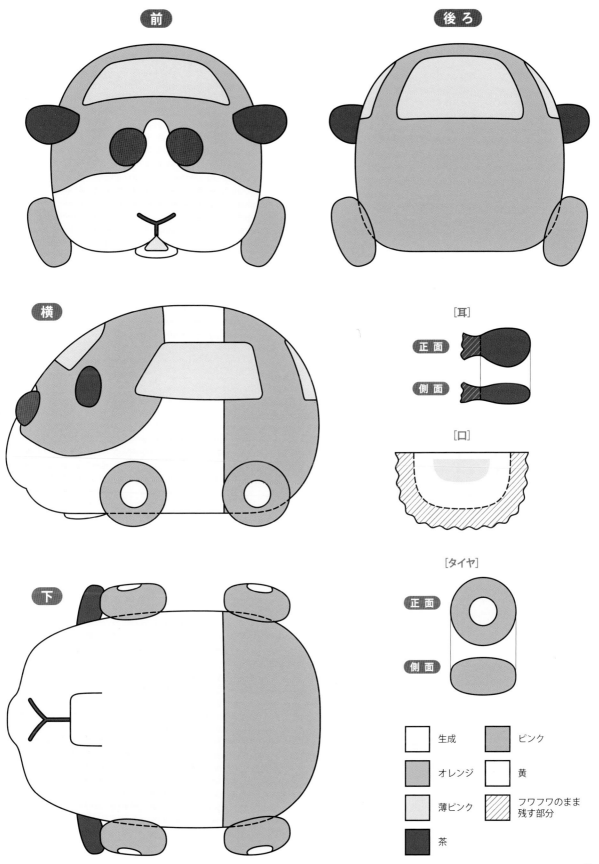

前

後ろ

横

[耳]
正面
側面

[口]

[タイヤ]
正面
側面

下

生成　　ピンク

オレンジ　黄

薄ピンク　フワフワのまま残す部分

茶

1 材料を分けます

生成10gを10等分(各1g)にします。(8本が胴体、2本が口と予備用です)

2 胴体を作ります

1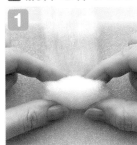

1g1本を、端から巻きます。

2

全体を回しながら、深く刺してまとめます。

3

胴体の芯ができました。

4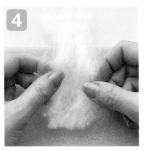

1g1本を広げます。

5

芯をのせ、ふんわり巻きます。

6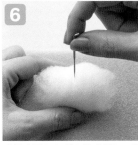

全体を回しながら浅く刺し、芯のまわりに刺しつけます。

7

約10cm 約7cm

4～6をくり返し、計8gをふんわりまとめます。

8

前、後ろ、下、側面をはじめは深く、徐々に浅く刺し、型紙の形にします。

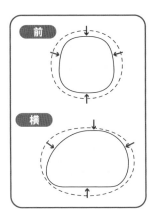

前

横

9

胴体ができました。(横から見たところです)

3 模様をつけます

1

オレンジをひとつまみさいて取ります。

2

1を軽くほぐしてから広げます。

3

模様の位置にのせ、浅く刺してつけます。

4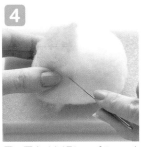

1～3をくり返し、バランスを見ながら全体に刺しつけます。

5

お尻側も同様に、おおまかに模様をつけます。(横から見たところです)

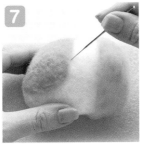
模様の表面全体を浅く刺します。

きわは整えながら浅く刺します。

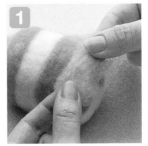
模様がつきました。

4 窓をつけます

薄ピンクひとつまみを軽くほぐして広げ、窓の位置にのせます。

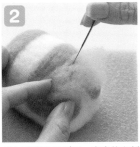
きわを整えながら、窓全体を刺してつけます。

前の窓がつきました。

横・後ろの窓も同様につけます。

5 口を作ります

生成少しを、繊維の方向をかえて重ねます。

上を輪にしてたたみます。

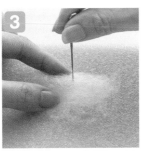
まわりのフワフワを残し、上と中を表裏両面から刺します。

刺せました。

薄ピンクごく少量を薄く広げ、中心に刺しつけます。

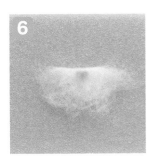
口ができました。

6 耳を作ります

茶少しを軽くほぐし、下がフワフワになるようにまとめます。

表と裏から刺し、形を整えながらまわりを刺します。

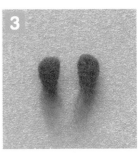
2個作ります。（下はフワフワのまま残します）

7 タイヤを作ります

1
ピンク2gを8等分します（4本は予備です）。分けた1本を巻き、全体を回しながら刺します。

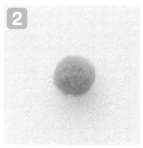
2
ふんわり丸くまとめます。

3
表と裏から刺し、平らにします。

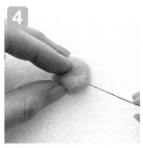
4
側面を刺します。

5
黄ごく少量を指で丸めてのせます。

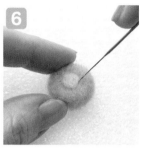
6
きわを整えながら、全体を刺してつけます。裏面も同様につけます。

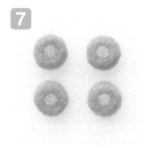
7
4個作ります。

8 顔を作ります

1
鼻下を少し深めにくり返し刺し、Y字にくぼませます。

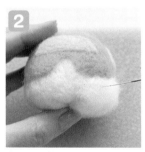
2
顔の形を整えます。生成ひとつまみをほぐして頬部分にのせ、浅く刺しつけます。

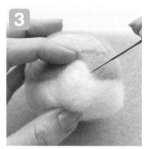
3
鼻の部分も、同様に生成ひとつまみを刺しつけます。

4
型紙と見比べながら、整えます。

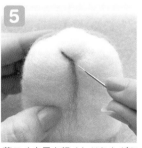
5
茶ごく少量を軽くねじりながら、Y字部分に浅く刺してつけます。

● **形を作るPoint** ● 作りながら調節しましょう！

〈へこませたいとき〉

刺せば刺すほど、その部分がへこみます。

〈ふくらませたいときや刺しすぎてしまったとき〉

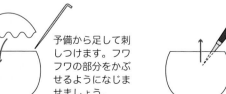

［足す方法］

予備から足して刺しつけます。フワフワの部分をかぶせるようになじませましょう。

［引っ張る方法］

目打ちなどを差し込み、軽く引っ張るとふくらみます。

9 目をつけます

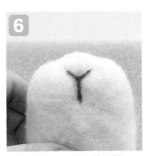

6

Y字に沿って、茶を線で刺しつけます。

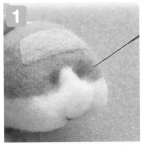

1

目のつけ位置を刺し、くぼませます。

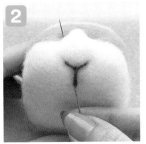

2

縫い針に糸をつけ、玉結びをしてY字の下から入れ、目の位置から出します。

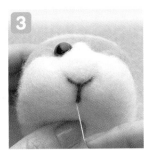

3

山高ボタンを通し、針を元の位置に戻して糸を引き、玉どめします。反対側も同様につけます。

4

目の上に少しかぶせるように、オレンジ少量を刺しつけます。

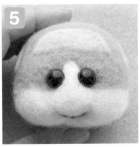

5

反対側も同様につけます。

10 口をつけます

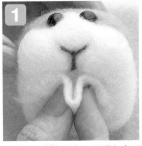

1

口を2つ折りにし、口元にあてます。

2

根元を左右から少し深めに刺してつけます。まわりのフワフワは、浅く刺してなじませます。

3

口をたたみ、たたんだところを刺して形にします。

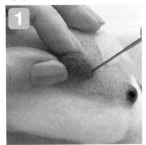

4

口ができました。

11 耳をつけます

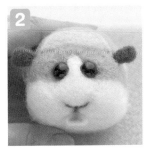

1

耳のフワフワを内側に入れ込むように、深く刺しつけます。

2

反対側も同様につけます。

12 タイヤをつけます

タイヤの内側をすくって胴体に刺しつけます。いろいろな方向から刺すとしっかりつきます。

できあがり！

タイヤは好きなポーズになるようにつけてね！

11

フェルトマスコット

かわいいモルカーの
優しいフェルトマスコット。
フェルトの暖かさがモルカーにぴったり！

● 作り方 ● P.35 ▶ P.38

バッグにつけて！
ポテトといっしょに
お出かけ

フェルトマスコットを使って！

ブローチピンをつけて
ブローチに！
好きな服につけましょう

 # アップリケ

アップリケにすれば
いろいろなモルカーグッズが作れます。
ひと針ひと針ていねいに！

アップリケサコッシュ
人気のサコッシュもモルカーで！
アップリケしてから、仕立てます

● 作り方 ● **P39**

Tシャツにアップリケ

お気に入りのTシャツに
好きなモルカーをアップリケ！

● 作り方 ●

アップリケペンケース

毎日持ち歩くものに
アップリケしたら気分もアップ！

● 作り方 ●

あみぐるみ

かわいいモルカーをあみぐるみで！
編むのも楽しいモルカーたちを
全員集合させました。

● 作り方 ●  P.42 ▶ P.47

いろいろに並べてあそんでも！

あみぐるみ

パトモルカー＆救急モルカー

前も横も後ろも
全部かわいい！

● 作り方 ● P.42 ▶ P.47

みんな集まって
PUI PUI ！

アイロンビーズ

1粒1粒並べて
かわいいモルカーを作りましょう！
立てて飾ったり、使ったり。

スタンドをつければ立てられます

● 作り方 ● P.48 ▶ P.50

立てかけて
飾っても

コースターとしても
使えます！

21

フェルトソープ

石鹸に羊毛を巻いて作るフェルトソープ。
モルカーの石鹸なら
手を洗うのが楽しくなります！

● 作り方 ● P.51 ▶ P.52

プレゼントしても
喜ばれそう！

いろんな形の石鹸を　いろんな色のベースで

プラ板

フロストタイプのプラ板に
色鉛筆でモルカーを描いて、熱して縮めます。
スタンドつきにしたり、キーホルダーにしても。

● 作り方 ● P.53 ▶ P.56

作るのが楽しいプラ板。
穴を開けておけば
いろいろに使えます

Thank you

ボールチェーンで
バッグに下げたり、
キーホルダーに

刺しゅう

バックステッチやクロスステッチ……
好きなステッチで
チクチク楽しくモルカーを刺しましょう！

巾着＆ハンカチ
バックステッチでシンプルに

● 作り方 ● P.58 ▶ P.59

季節で入れ替えて　お部屋のポイントに

クロスステッチのミニフレーム

刺した枠のまま
飾りましょう！

● 作り方 ● **P.57**

キャラ弁

お弁当がモルカーだったら！
ランチタイムが楽しくなります。
簡単な作り方を紹介します。

ポテトのおにぎりお弁当
おにぎりはランチケースに
合わせた大きさで！

● 作り方 ● P.60

ポテトとチョコの
ロールパンのお弁当
食べるのがもったいない
ハッピーなお弁当です

● 作り方 ● P.61

29

 クッキー

形に切って焼いたら
チョコペンで描くだけ。
作るのも楽しいクッキーです。

● 作り方 ● P.62

アイスクリーム

チョコペンで描くアイスクリーム、
タイヤはアーモンドチョコレート。
パーツは作っておいて、まとめましょう！

● 作り方 ● P.63

さあ、作りましょう！

作る楽しさ
できあがる喜び
手作りの楽しさを感じて！

私だけのモルカーを作りましょう！

P.4 P.5 ニードルフェルト シロモ

○○

●●材料●●

アクレーヌ　白(101)10g
グレー(254)・緑(121)各2g
黄(105)・茶(110)・薄ピンク(124)各1g
山高ボタン　(直径10mm)2個

●●用具●●

フェルティング用ニードル(極細)
フェルティング用マット
縫い針・縫い糸

●●作り方●● ※詳しい作り方はP.8-11ポテトと同じです。
※実物大の型紙はP.34

① 胴体を作り、窓をつけます

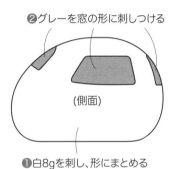

②グレーを窓の形に刺しつける

(側面)

❶白8gを刺し、形にまとめる

② パーツを作ります

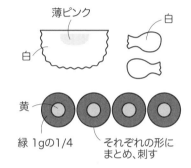

薄ピンク

白

白

黄

緑 1gの1/4

それぞれの形に
まとめ、刺す

③ 顔を作ります

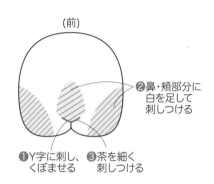

(前)

②鼻・頬部分に
白を足して
刺しつける

❶Y字に刺し、
くぼませる

③茶を細く
刺しつける

④ 目・口・耳をつけます

③根元のフワフワを
刺しつける

❶山高ボタンを
縫いつける

②口をたたんで
刺しつける

⑤ タイヤをつけます

タイヤの内側を
すくい、刺しつける

「アビー」「チョコ」「テディ」の
キットもあります。
基本の作り方は「ポテト」
「シロモ」と同じです。

ポテト・シロモの材料が全て入ったキット

「ニードルフェルトでつくるPUI PUI モルカー ポテト」
「ニードルフェルトでつくるPUI PUI モルカー シロモ」

早くきれいにまとまる清潔素材「アクレーヌ」を使用したキットです。

価格(税込)990円

OFFICIAL WEB SHOP
PUI PUI モルカー PARKING
https://a-onstore.jp/shop/molcar-anime/

前
グレー
白

後ろ
グレー

横
グレー

[耳]
白
正面
側面

[口]
薄ピンク
白

[タイヤ]
緑
黄
正面
側面

下
茶

フワフワのまま
残す部分

P.12 フェルトマスコット ポテト

● ● 材料 ● ●

フェルト　クリーム・黄土色・ピンク・薄ピンク・茶・黒・黄
25番刺しゅう糸　クリーム・黄土色・ピンク・薄ピンク・茶・こげ茶・白
手芸綿

● ● 作り方 ● ●

① 前面を作ります

ところどころに少量の
ボンドをつけ、仮どめする

たてまつり

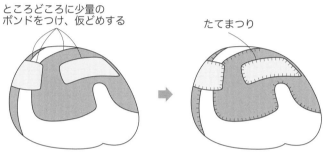

② 前面と背面を縫い合わせます

綿を入れ
巻きかがり

綿

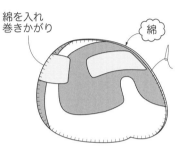

③ パーツを作ります

耳

綿を入れ
巻きかがり

綿

タイヤ

刺しゅう

目

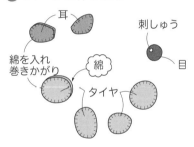

④ パーツをつけ、鼻を刺しゅうします

❷たてまつりで
縫いつける

❸ボンドで貼る

❸ボンドで貼る

❶刺しゅう

● ● 実物大の型紙 ● ●

※全てフェルト
※たてまつり・巻きかがりはフェルトと同色の刺しゅう糸１本どり

クリーム１枚

（背面）クリーム１枚

黄土色１枚

黄土色１枚

薄ピンク１枚

薄ピンク１枚

茶２枚

フレンチナッツ
ステッチ
（白・３本どり）

茶２枚

黒１枚

黄１枚

ピンク２枚

ピンク２枚

ピンク２枚

バックステッチ
（こげ茶・３本どり）

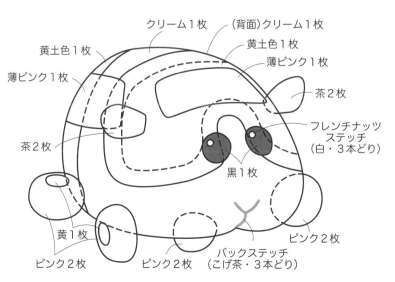

フェルトの縫い方

[たてまつり]

2入

3出　1出

[巻きかがり]

3出

2入

1出

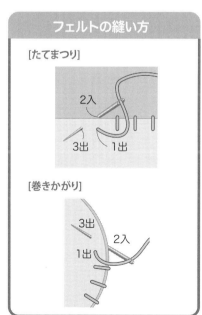

35

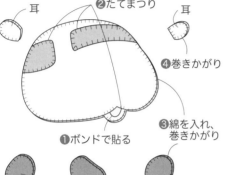

P.12 フェルトマスコット シロモ

○○○○○○○○○○○○○○○○○○○○○○○○○○○○○○○○○○

● ● 材 料 ● ●

フェルト　白・緑・グレー・黒・黄・薄ピンク
25番刺しゅう糸　白・緑・グレー・こげ茶
手芸綿

● ● 実物大の型紙 ● ●

※全てフェルト
※たてまつり・巻きかがりはフェルトと同色の刺しゅう糸1本どり

● ● 作り方 ● ●

耳

②たてまつり

耳

④巻きかがり

①ボンドで貼る

③綿を入れ、
巻きかがり

タイヤ　タイヤ　タイヤ

（背面）白1枚

グレー1枚

白2枚

グレー1枚

白2枚

フレンチナッツ
ステッチ
（白・3本どり）

黒1枚

白1枚

バックステッチ
（こげ茶・3本どり）

黄1枚

緑2枚

白1枚

薄ピンク1枚

緑2枚

①刺しゅう

②たてまつりで
縫いつける

③ボンドで貼る

③ボンドで貼る

P.12 フェルトマスコット アビー

○○○○○○○○○○○○○○○○○○○○○○○○○○○○○○○○○○

● ● 作り方 ● ●

たてまつり

※背面も同様
に作る

耳

③巻きかがり

耳

①たてまつり

（背面）

②綿を入れ、
巻きかがり

タイヤ

タイヤ

タイヤ

ボンドで貼る

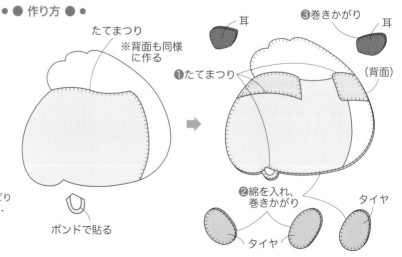

● ● 材 料 ● ●

フェルト　白・アイボリー・オレンジ・水色・
濃いこげ茶・黒・薄茶・薄ピンク・黄・きみどり
25番刺しゅう糸　白・アイボリー・オレンジ・
水色・濃いこげ茶・こげ茶
手芸綿

フェルトマスコット チョコ

○○

●● 材料 ●●
フェルト　茶・水色・ベージュ・やまぶき・黒・薄い水色・黄・薄ピンク
25番刺しゅう糸　茶・水色・ベージュ・やまぶき・白・濃いこげ茶

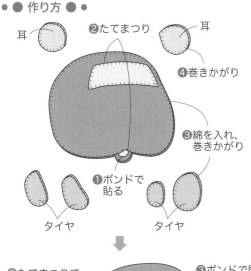

●● 作り方 ●●

耳　　②たてまつり　　耳
　　④巻きかがり
③綿を入れ、巻きかがり
●ボンドで貼る
タイヤ　　タイヤ

②たてまつりで縫いつける　　③ボンドで貼る
③ボンドで貼る　　①刺しゅう

●● 実物大の型紙 ●●

※全てフェルト
※たてまつり・巻きかがりはフェルトと同色の刺しゅう糸1本どり

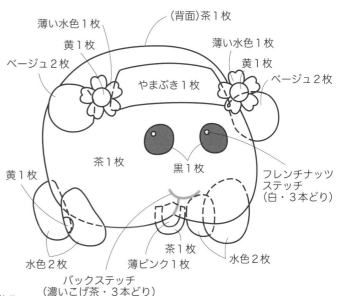

薄い水色1枚　　（背面）茶1枚
黄1枚　　薄い水色1枚
ベージュ2枚　　黄1枚
やまぶき1枚　　ベージュ2枚
茶1枚　　黒1枚
フレンチナッツステッチ（白・3本どり）
黄1枚
水色2枚　　茶1枚　　薄ピンク1枚　　水色2枚
バックステッチ（濃いこげ茶・3本どり）

○○○○○○○○○○○○○○○○○○○○○○○○○○
○
○　**●● 実物大の型紙 ●●**
○
○　※全てフェルト
○　※たてまつり・巻きかがりはフェルトと同色の刺しゅう糸1本どり
○
○

○○○○○○○○○○○○○○○○○○○○○○○○

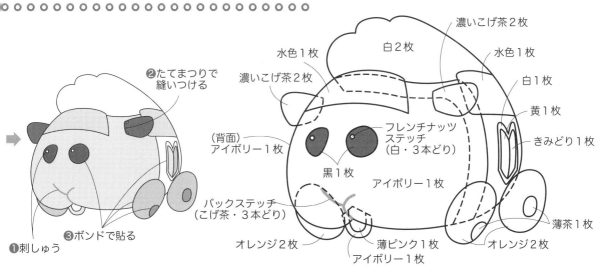

②たてまつりで縫いつける

③ボンドで貼る

①刺しゅう

濃いこげ茶2枚　　白2枚
水色1枚　　　　　　水色1枚
濃いこげ茶2枚　　　白1枚
　　　　　　　　　　黄1枚
（背面）アイボリー1枚　　フレンチナッツステッチ（白・3本どり）　　きみどり1枚
黒1枚
アイボリー1枚
薄茶1枚
バックステッチ（こげ茶・3本どり）
オレンジ2枚　　薄ピンク1枚　　オレンジ2枚
アイボリー1枚

P.12 フェルトマスコット テディ

● ● 作り方 ● ●

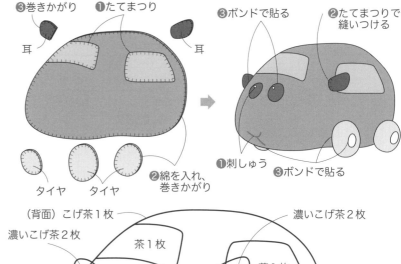

❸巻きかがり　❶たてまつり
耳
❸ボンドで貼る
❷たてまつりで縫いつける
耳
❷綿を入れ、巻きかがり
タイヤ　タイヤ
❶刺しゅう
❸ボンドで貼る

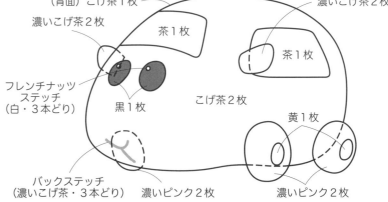

● ● 材料 ● ●

フェルト　こげ茶・茶・濃いピンク・
濃いこげ茶・黒・黄
25番刺しゅう糸　こげ茶・茶・濃いピンク・
濃いこげ茶・白
手芸綿

● ● 実物大の型紙 ● ●

※全てフェルト
※たてまつり・巻きかがりはフェルトと
　同色の刺しゅう糸1本どり

（背面）こげ茶1枚
濃いこげ茶2枚
茶1枚
濃いこげ茶2枚
茶1枚
こげ茶2枚
黄1枚
フレンチナッツ
ステッチ
（白・3本どり）
黒1枚
バックステッチ
（濃いこげ茶・3本どり）　濃いピンク2枚
濃いピンク2枚

P.13 フェルトマスコット アクセサリー

● ● 材料 ● ●

フェルトマスコット
[バッグチャーム]
丸カン
ボールチェーン
[ブローチ]
ブローチピン

[バッグチャーム]　ボールチェーン
丸カン
縫いつける

[ブローチ]
（裏）　ブローチピン
縫いつける

フェルトの切り方

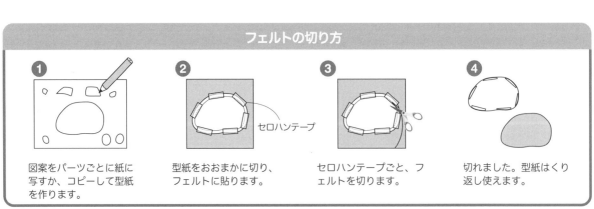

❶ 図案をパーツごとに紙に写すか、コピーして型紙を作ります。

❷ 型紙をおおまかに切り、フェルトに貼ります。
セロハンテープ

❸ セロハンテープごと、フェルトを切ります。

❹ 切れました。型紙はくり返し使えます。

P.14 アップリケサコッシュ

○○○○○○○○○○○○○○○○○○○○○○○○○○○○○○○○○○○○

●● 材料 ●●

[パトモルカー]
フェルト　黄・水色・青・赤・グレー・薄黄
25番刺しゅう糸　黄・水色・青・赤・グレー・薄黄・白・茶
[救急モルカー]
フェルト　白・水色・青・濃いピンク・赤・薄黄
25番刺しゅう糸　白・水色・青・濃いピンク・赤・薄黄・茶
[共通]
布(厚手木綿地)各26cm×25.5cm
杉綾テープ(2cm幅)各105cm

●● 製図 ●●

(1.5cm)
25.5cm
布2枚
(1cm)
(1cm)
13cm

●● 作り方 ●●

① 端の始末をします

ロックミシン
または
ジグザグミシン

② 前面にアップリケをします

刺しゅう
3cm
たてまつり

③ 背面にひもをつけます

杉綾テープ
105cm
10cm
1.5cm
ミシン
1.8cm
0.1cm
1cm
折る

④ まわりを縫い合わせます

(裏)
ミシン
1cm

⑤ 入れ口を縫います

折る
1.5cm
0.5cm
ミシン
(表)
(裏)

⑥ 入れ口を折ります

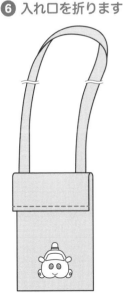

●● 実物大の型紙 ●●

※全てフェルト1枚
※たてまつりはフェルトと同色の刺しゅう糸1本どり

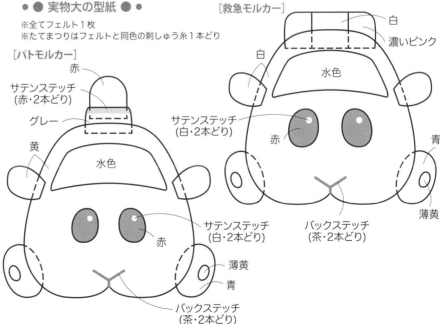

[パトモルカー]
赤
サテンステッチ
(赤・2本どり)
グレー
黄
水色
赤
サテンステッチ
(白・2本どり)
薄黄
青
バックステッチ
(茶・2本どり)

[救急モルカー]
白
濃いピンク
白
水色
サテンステッチ
(白・2本どり)
赤
青
薄黄
バックステッチ
(茶・2本どり)

P.15 Tシャツにアップリケ

○○○○○○○○○○○○○○○○○○○○○○○○○○○○○○○○○○○○

● ● 材 料 ● ●

Tシャツ　各1枚
洗えるフェルト　クリーム・黄土色・水色・薄ピンク・ピンク・茶・こげ茶
25番刺しゅう糸　クリーム・黄土色・水色・薄ピンク・ピンク・茶・こげ茶・白

● ● 作り方 ● ●

● ● 実物大の型紙 ● ●

※全てフェルト1枚
※たてまつりはフェルトと同色の
　刺しゅう糸1本どり

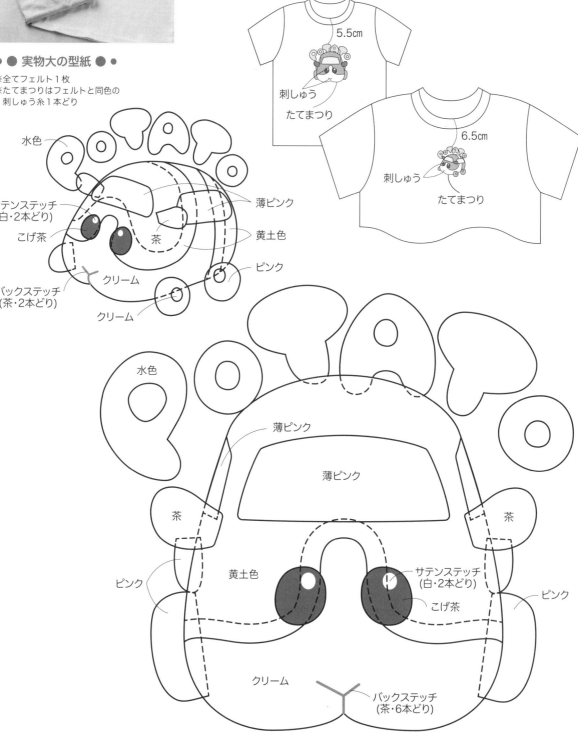

5.5cm
刺しゅう
たてまつり

6.5cm
刺しゅう
たてまつり

水色
サテンステッチ
(白・2本どり)
こげ茶
バックステッチ
(茶・2本どり)
クリーム
クリーム
薄ピンク
茶
黄土色
ピンク

水色
薄ピンク
薄ピンク
茶
茶
ピンク
黄土色
サテンステッチ
(白・2本どり)
こげ茶
ピンク
クリーム
バックステッチ
(茶・6本どり)

P.15 アップリケペンケース

● ● 材 料 ● ●

布(木綿地)47cm×10cm
接着芯(薄手)47cm×10cm
ファスナー　18cm1本
フェルト　白・緑・グレー・こげ茶・薄黄・ピンク
25番刺しゅう糸　白・緑・グレー・こげ茶・薄黄・
ピンク・茶

● ● 製 図 ● ●

(1cm)
18cm
8cm
1.5cm
布・接着芯　各2枚
(1cm)
21cm

● ● 作り方 ● ●

① 接着芯を貼り、端の始末をします

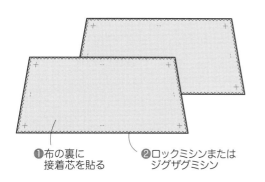

❶布の裏に
接着芯を貼る

❷ロックミシンまたは
ジグザグミシン

② アップリケをします

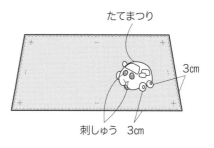

たてまつり
3cm
刺しゅう　3cm

③ ファスナーをつけます

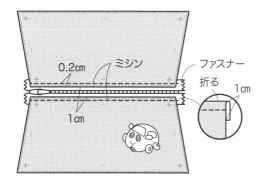

0.2cm　ミシン
ファスナー
折る
1cm
1cm

④ まわりを縫い合わせます

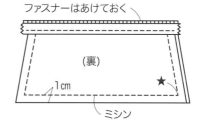

ファスナーはあけておく
(裏)
1cm
ミシン
★

● ● 実物大の型紙 ● ●

※全てフェルト1枚
※たてまつりはフェルトと同色の刺しゅう糸1本どり

⑤ マチを縫います

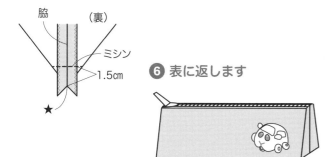

脇
(裏)
ミシン
1.5cm
★

⑥ 表に返します

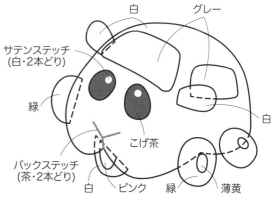

白
グレー
サテンステッチ
(白・2本どり)
緑
こげ茶
白
バックステッチ
(茶・2本どり)
白
ピンク
緑
薄黄

P.16 P.17 P.19 あみぐるみ ポテト

oooooooooooooooooooooooooooooooo

● ● 材 料 ● ●
毛糸［ハマナカ ピッコロ］ 黄土色（27）10g、クリーム（41）・薄ピンク（4）・ピンク（5）各5g、
黄（42）・茶（29）各1g
山高ボタン（直径9㎜）2個
手芸綿

● ● 用 具 ● ●
かぎ針4/0号

● ● ゲージ ● ●
細編み5㎝角12目13段

● ● 作り方 ● ● ※編み図はP.45-47 ※ ⟶ 編み方向

① ボディ上と模様を編みます

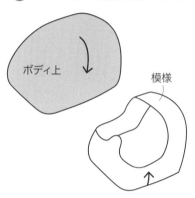

ボディ上

模様

② ボディ上に模様をつけます

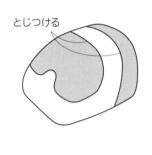

とじつける

③ ボディ上と下をはぎ合わせます

綿を入れ、
巻きかがり ☆ボディ下

綿

④ タイヤを作ります

綿を入れ、
巻きかがり

綿

タイヤ

タイヤ

タイヤ（側面）

⑤ パーツをつけます

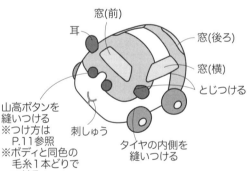

窓（前）

耳

窓（後ろ）

窓（横）

とじつける

山高ボタンを
縫いつける
※つけ方は
P.11参照
※ボディと同色の
毛糸1本どりで
つける

刺しゅう

タイヤの内側を
縫いつける

[配色表]

ボディ上	黄土色
ボディ下	黄土色・クリーム
窓	薄ピンク
耳	茶
タイヤ（1段め）	黄
タイヤ（2段め・側面）	ピンク
鼻の刺しゅう	茶

● パーツのつけ位置（共通）●

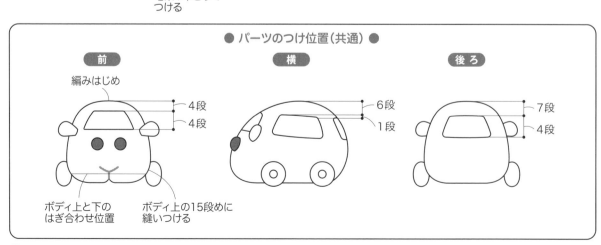

前

編みはじめ

4段
4段

ボディ上と下の
はぎ合わせ位置

ボディ上の15段めに
縫いつける

横

6段
1段

後ろ

7段
4段

P.16 P.17 P.19 あみぐるみ シロモ

●● 材 料 ●●

毛糸[ハマナカ ピッコロ]
オフホワイト(2)10g、
グレー(50)・緑(24)各5g、
黄(42)・茶(29)各1g
山高ボタン(直径9mm)2個
手芸綿

※用具・ゲージはP.42
ポテトと同じ

●● 作り方 ●●

※詳しい作り方はP.42ポテト参照　※編み図はP.45-46

[配色表]

ボディ上	オフホワイト
ボディ下	オフホワイト
窓	グレー
耳	オフホワイト
タイヤ(1段め)	黄
タイヤ(2段め・側面)	緑
鼻の刺しゅう	茶

P.16 P.17 P.19 あみぐるみ チョコ

●● 作り方 ●●

※このほかの作り方はP.42ポテト参照　※編み図はP.45-47

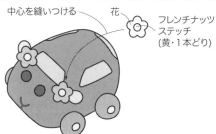

中心を縫いつける　花
フレンチナッツ
ステッチ
(黄・1本どり)

[配色表]

ボディ上	茶
ボディ下	茶
窓	黄
耳	薄茶
タイヤ(1段め)	黄
タイヤ(2段め・側面)	濃い水色
鼻の刺しゅう	こげ茶

●● 材 料 ●●

毛糸[ハマナカ ピッコロ]　茶(29)10g、黄(42)・濃い水色(43)各5g、薄茶(28)・エメラルドグリーン(48)・こげ茶(17)各1g
山高ボタン(直径9mm)2個　手芸綿
※用具・ゲージはP.42ポテトと同じ

P.16 P.17 P.19 あみぐるみ アビー

●● 材 料 ●●

毛糸[ハマナカ ピッコロ]　オフホワイト(2)15g、ベージュ(45)・水色(12)・オレンジ(51)各5g、
こげ茶(17)・茶(29)各1g
山高ボタン(直径9mm)2個
手芸綿
フェルト　白・やまぶき・きみどり
25番刺しゅう糸　白

●● 用 具 ●●

かぎ針4/0号　厚紙　縫い針

※ゲージはP.42ポテトと同じ

[配色表]

ボディ上	オフホワイト・ベージュ
ボディ下	オフホワイト・ベージュ
窓	水色
耳	こげ茶
タイヤ(1段め)	こげ茶
タイヤ(2段め・側面)	オレンジ
鼻の刺しゅう	茶

●● 作り方 ●●　※このほかの作り方はP.42ポテト参照　※編み図・図案はP.45-46

ボンボンを作る

オフホワイト　別糸で
20回巻　　　中心を結ぶ

4cm

厚紙　※5個作る

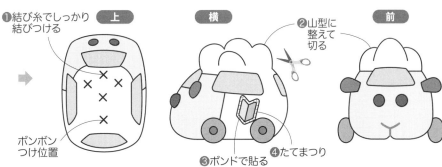

①結び糸でしっかり結びつける
上
ボンボンつけ位置

横
②山型に整えて切る
③ボンドで貼る
④たてまつり

前

43

P.16 P.17 P.19 あみぐるみ テディ

● ● 材 料 ● ●

毛糸[ハマナカ ピッコロ]
こげ茶(17)10g、
茶(29)・赤(6)各5g、
黒(20)・黄(42)各1g
山高ボタン(直径9mm)2個
手芸綿
※用具・ゲージはP.42
ポテトと同じ

● ● 作り方 ● ●

※詳しい作り方はP.42ポテト参照　※編み図はP.45-46

[配色表]

ボディ上	こげ茶
ボディ下	こげ茶
窓	茶
耳	黒
タイヤ(1段め)	黄
タイヤ(2段め・側面)	赤
鼻の刺しゅう	黒

P.18 P.19 あみぐるみ パトモルカー

● ● 作り方 ● ●　※このほかの作り方はP.42ポテト参照　※編み図・図案はP.45-47
※ゲージはP.42ポテトと同じ

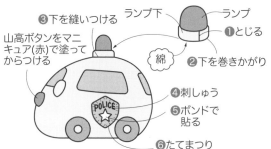

③下を縫いつける
山高ボタンをマニキュア(赤)で塗ってからつける
ランプ下
ランプ
①とじる
②下を巻きかがり
綿
④刺しゅう
⑤ボンドで貼る
⑥たてまつり

[配色表]

ボディ上	黄
ボディ下	黄
窓	水色
耳	黄
タイヤ(1段め)	黄
タイヤ(2段め・側面)	青
鼻の刺しゅう	茶

● ● 材 料 ● ●

毛糸[ハマナカ ピッコロ]　黄(42)10g、水色(12)・青(13)各5g、赤(6)・薄いグレー(33)・茶(29)各1g
山高ボタン(直径9mm)2個　フェルト　青・黄　25番刺しゅう糸　青・白　手芸綿

● ● 用 具 ● ●

かぎ針4/0号　マニキュア(赤)
縫い針

P.18 P.19 あみぐるみ 救急モルカー

● ● 材 料 ● ●

毛糸[ハマナカ ピッコロ]　オフホワイト(2)10g、水色(12)・青(13)各5g、
赤(6)・黄(42)・白(1)・茶(29)各1g
山高ボタン(直径9mm)2個
フェルト　赤・薄青
25番刺しゅう糸　赤
手芸綿

● ● 用 具 ● ●

かぎ針4/0号　マニキュア(赤)　縫い針

※ゲージはP.42ポテトと同じ

● ● 作り方 ● ●　※このほかの作り方はP.42ポテト参照　※編み図・図案はP.45-47

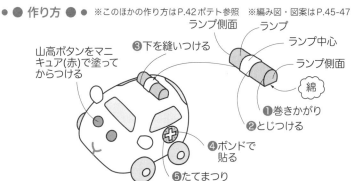

山高ボタンをマニキュア(赤)で塗ってからつける
③下を縫いつける
ランプ側面
ランプ
ランプ中心
ランプ側面
綿
①巻きかがり
②とじつける
④ボンドで貼る
⑤たてまつり

[配色表]

ボディ上	オフホワイト
ボディ下	オフホワイト
窓	水色
耳	オフホワイト
タイヤ(1段め)	黄
タイヤ(2段め・側面)	青
鼻の刺しゅう	茶

［ボディ上(アビー以外)］1枚

⑬～⑮増減なし

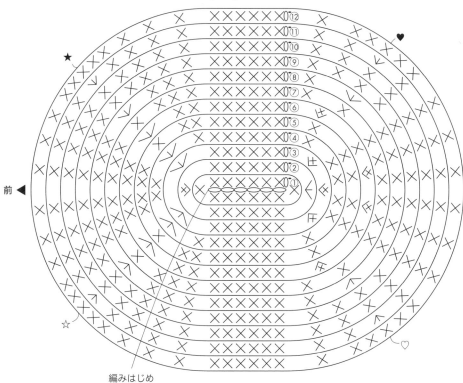

★ 前 ◀ ▶ 後ろ

編みはじめ

段	目数	増減
12～15	52	±0
11	52	+8
9・10	44	±0
8	44	+8
7	36	±0
6	36	+8
5	28	±0
4	28	+4
3	24	+7
2	17目	+3目
1段め	鎖編み6目から14目拾う	

［ボディ上(アビー)］1枚

◯ オフホワイト
◯ ベージュ

⑬～⑮増減なし

※色替え位置

※⑥～⑮段めは色替え位置で糸を切り、別色に替えて続けて編む

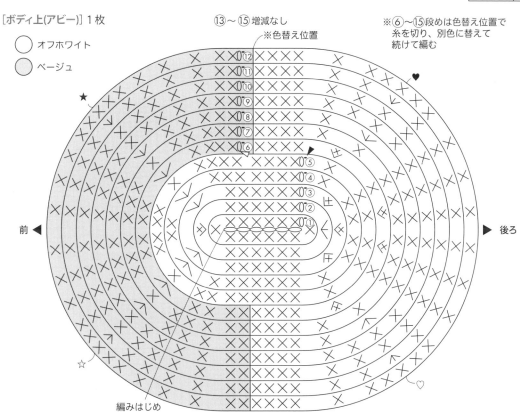

前 ◀ ▶ 後ろ

編みはじめ

● ● 編み図 ● ● ► 糸を切る ▷ 糸をつける ↘↗ = 細編み3目編み入れる

[ボディ下] 1枚

後ろ ▲

15段めから
続けて縁編み

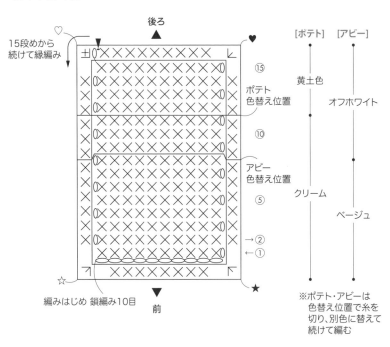

ポテト
色替え位置
⑮

⑩

アビー
色替え位置
⑤

→②
←①

編みはじめ 鎖編み10目

前 ▼

[ポテト] [アビー]

黄土色 | オフホワイト

クリーム | ベージュ

※ポテト・アビーは
色替え位置で糸を
切り、別色に替えて
続けて編む

[耳] 2枚

編みはじめ
鎖編み2目

[タイヤ] 8枚

[タイヤ側面] 4枚

編みはじめ 鎖編み10目

[窓(前)] 1枚

2段めから続けて縁編み

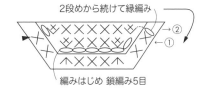

→②
←①

編みはじめ 鎖編み5目

[窓(横)] 2枚

2段めから続けて縁編み

→②
←①

編みはじめ 鎖編み4目

[窓(後ろ)] 1枚

3段めから続けて縁編み

←③
→②
←①

編みはじめ 鎖編み4目

● ● 実物大の図案 ● ●

※全てフェルト2枚(左右各1枚)
※たてまつりはフェルトと同色の刺しゅう糸1本どり

[アビーのマーク]

白 — きみどり
やまぶき

[救急モルカーのマーク]

赤
薄青

[パトモルカーのマーク]

青
黄

バックステッチ
(白・1本どり)

● 目鼻のつけ位置(共通) ●

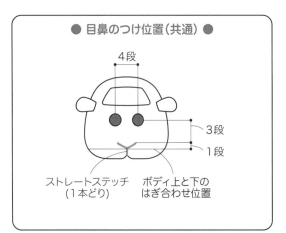

4段

3段
1段

ストレートステッチ
(1本どり)

ボディ上と下の
はぎ合わせ位置

● ● 編み図 ● ● ► 糸を切る ↑ ＝ 細編み3目一度 ★ ＝ 長編み3目一度

[ポテトの模様]クリーム 1枚

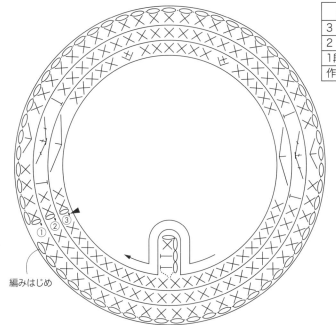

編みはじめ

段	目数	増減
3	44	−6
2	50	−4
1段め	54目	−4目
作り目	鎖編み58目	

[チョコの花]
エメラルドグリーン 2枚

[パトモルカーのランプ]赤 1枚

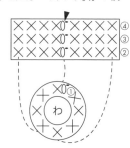

[パトモルカーのランプ下]薄いグレー 1枚

編みはじめ 鎖編み12目

[救急モルカーのランプ側面]赤 2枚

[救急モルカーのランプ]赤 1枚

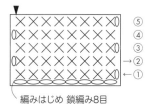

編みはじめ 鎖編み8目

[救急モルカーのランプ中心]白 1枚

編みはじめ 鎖編み7目

この本で使われた主な編み方

[鎖編み]

①針に糸をかけます。

②そのまま引き抜きます。
鎖編みが1目編めました。

[中長編み]

①針に糸をかけ、前段の目に針を入れます。

②針に糸をかけ、引き抜きます。

③針に糸をかけます。

④一度に引き抜き、中長編み1目が編めました。

[細編み]

①矢印のように前段の目に針を入れます。

②針に糸をかけ、引き抜き、もう一度針に糸をかけます。

③一度に引き抜きます。細編みが1目編めました。

[長編み]

①針に糸をかけ、前段の目に針を入れます。

②針に糸をかけ、引き抜き、もう一度針に糸をかけます。

③2本引き抜き、針に糸をかけます。

④一度に引き抜き、長編み1目が編めました。

47

アイロンビーズ

● ● 材 料 ● ●

アイロンビーズ[パーラービーズ]
※使用色は各図案に記載しています。

● ● 用 具 ● ●

プレート：透明プレートL(四角)
アイロン
アイロンペーパー
　またはクッキングシート
平らな板
アイロンビーズ用ピンセット
　（なくても作れます）

● ● 作り方 ● ●

❶ プレートにビーズを並べます

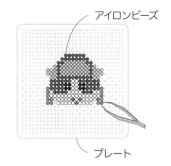

アイロンビーズ

プレート

❷ アイロンをかけます

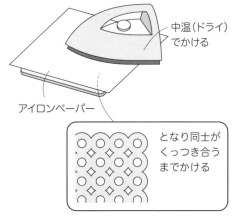

中温(ドライ)
でかける

アイロンペーパー

となり同士が
くっつき合う
までかける

❸ 平らにして冷まします

平らな板

熱いうちに
おさえ、冷ます

**❹ 裏面も❷、❸と同様にアイロンを
かけます**

● ● 実物大の図案 ● ●

[ポテト]

◯ クリーム　　◉ キャラメル　　● こげちゃいろ

◎ ピーチ　　◉ ちゃいろ　　● くろ

◎ サーモンピンク

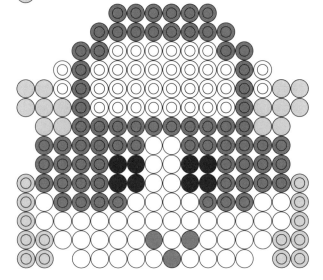

[スタンド]

⊗ とうめい

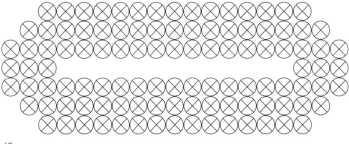

● ● 実物大の図案 ● ●

[シロモ]

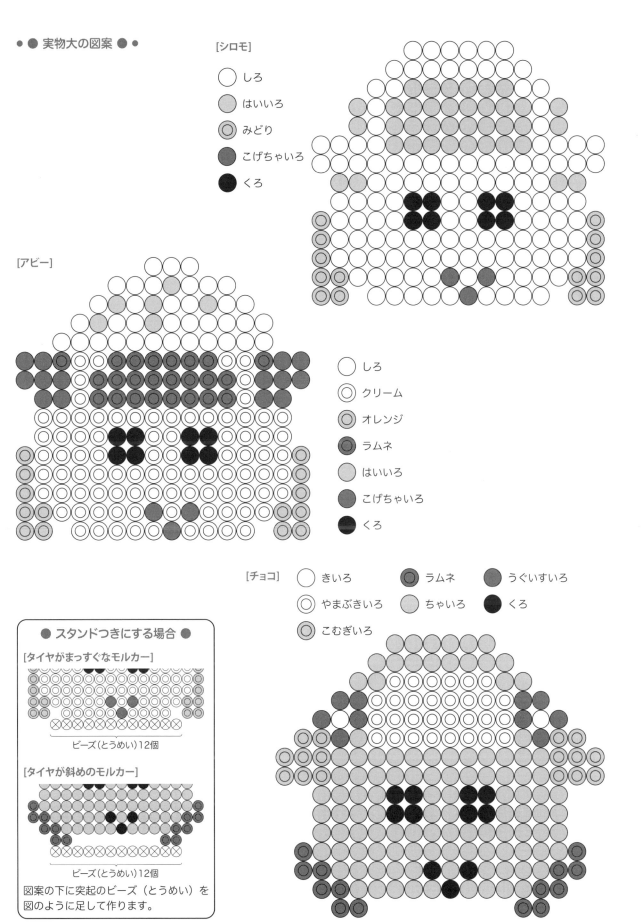

○ しろ
◉ はいいろ
◎ みどり
◉ こげちゃいろ
● くろ

[アビー]

○ しろ
◎ クリーム
◎ オレンジ
◉ ラムネ
◉ はいいろ
◉ こげちゃいろ
● くろ

[チョコ]
○ きいろ　　◉ ラムネ　　◉ うぐいすいろ
◎ やまぶきいろ　◉ ちゃいろ　　● くろ
◎ こむぎいろ

● スタンドつきにする場合 ●

[タイヤがまっすぐなモルカー]

ビーズ（とうめい）12個

[タイヤが斜めのモルカー]

ビーズ（とうめい）12個

図案の下に突起のビーズ（とうめい）を
図のように足して作ります。

[テディ]

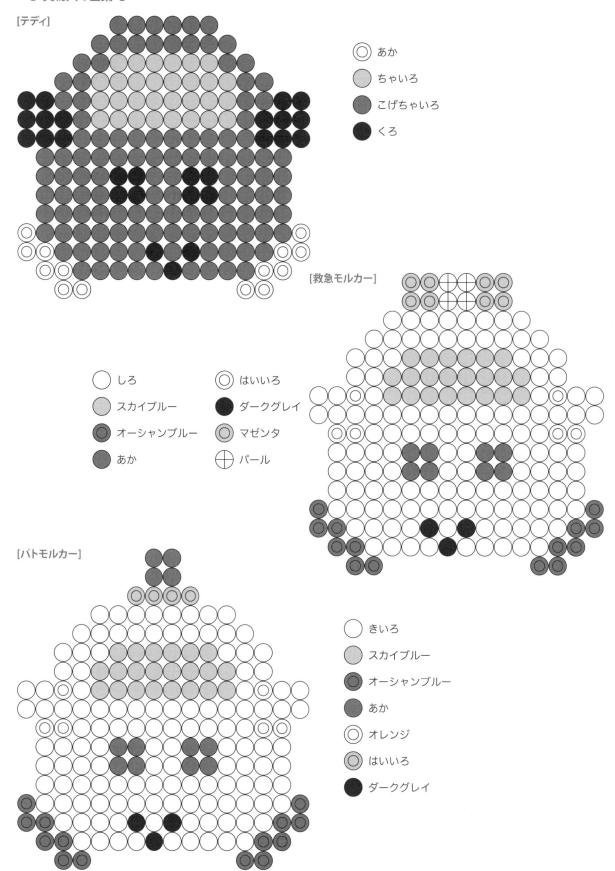

[救急モルカー]

[パトモルカー]

あか
ちゃいろ
こげちゃいろ
くろ

しろ　　　　　はいいろ
スカイブルー　ダークグレイ
オーシャンブルー　マゼンタ
あか　　　　　パール

きいろ
スカイブルー
オーシャンブルー
あか
オレンジ
はいいろ
ダークグレイ

● ● 材 料 ● ●

[ポテト]
石鹸(約75g) 1個
フェルト羊毛　黄(35) 4 g・クリーム(42)・オレンジ(5)・サーモンピンク(37)・薄ピンク(36)・茶(206)・こげ茶(41)・黒(9)・白(1)各適量

[シロモ]
石鹸(約75g) 1個
フェルト羊毛　水色(58) 4 g・白(1)・緑(40)・グレー(54)・黒(9)・黄(35)・サーモンピンク(37)・こげ茶(41)各適量

[アビー]
石鹸(約80g・丸形) 1個
フェルト羊毛　紫(25) 4 g・クリーム(42)・白(1)・水色(58)・こげ茶(41)・オレンジ(5)・黒(9)・グレー(54)各適量

[チョコ]
石鹸(約85g) 1個
フェルト羊毛　フェルト羊毛　ピンク(833) 4 g・茶(206)・オレンジ(5)・水色(58)・薄茶(803)・黒(9)・黄(35)・エメラルドグリーン(824)・濃いこげ茶(31)・白(1)各適量

[テディ]
石鹸(約50g・正方形) 1個
フェルト羊毛　きみどり(60) 4 g・ブラウン(804)・茶(206)・濃いこげ茶(31)・赤(24)・黒(9)・黄(35)・白(1)各適量

● ● 用 具 ● ●

お湯(約40℃)
ボウル
エアパッキン(なくても作れますが、あると便利です)
フェルティング用ニードル

● ● 作り方 ● ●

① 土台の羊毛 4 g を 8 等分(0.5g)にします　※フェルト羊毛の分け方はP.6

② 石鹸に羊毛を巻きます

②巻きつける
約 0.5g に分けた羊毛
石鹸
①薄く広げる

縦・横・斜め・側面など、いろいろな方向からすき間なく 4g 巻く
※ポテトは羊毛刺しゅう分を少し残しておく

③ 縮めます

浸して全体を濡らす
お湯(約40℃)
ボウル

エアパッキン(なければ手)で泡立ててこする
(羊毛のゆるみがなくなるまで)

自然乾燥させる

④ 羊毛刺しゅうをします

柄
断面
石鹸

針は土台に対して斜めに刺し、そのままの角度で抜きます。

※羊毛刺しゅうのやり方は、P.8-9 の模様のつけ方と同じです。

⑤ 仕上げ洗いをします

③と同様に泡でこする

※飾り用にする場合はこの工程は省けます

● ● 実物大の型紙 ● ●　※このほかの図案はP.52

[ポテト]

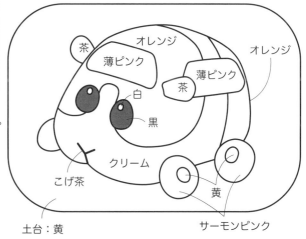

茶
オレンジ
薄ピンク
薄ピンク
茶
オレンジ
白
黒
クリーム
こげ茶
黄
土台：黄
サーモンピンク

● ● 実物大の図案 ● ●

[シロモ]

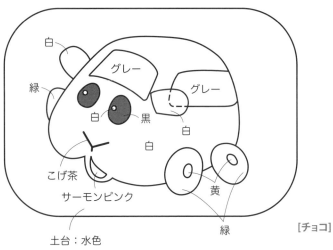

白
グレー
緑
グレー
白
黒
白
白
こげ茶
サーモンピンク
黄
緑

土台：水色

● 羊毛刺しゅう One Point ●

水で消えるチャコペンが便利！
図案は、土台の羊毛を乾かして
から、水で消えるチャコペンを
使って写すといいでしょう。

[チョコ]

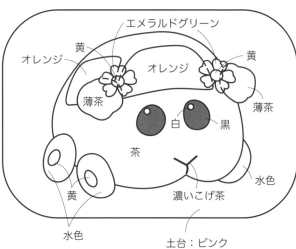

エメラルドグリーン
黄
オレンジ
オレンジ
黄
薄茶
薄茶
白
黒
茶
水色
黄
濃いこげ茶
水色

土台：ピンク

[テディ]

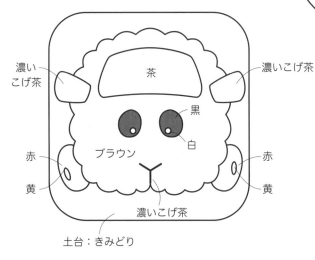

濃い
こげ茶
茶
濃いこげ茶
黒
白
赤
ブラウン
赤
黄
黄
濃いこげ茶

土台：きみどり

[アビー]

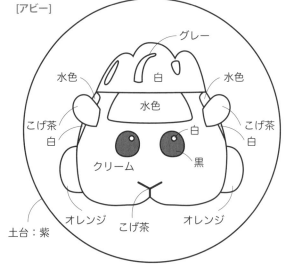

グレー
水色
白
水色
こげ茶
白
白
こげ茶
白
黒
クリーム
オレンジ
こげ茶
オレンジ

土台：紫

● ● 材 料 ● ●
プラ板（半透明フロストタイプ）
※プラ板には色鉛筆で描けるものと描けないものが
　あるので、描けるタイプを使います。
ボールチェーン（キーホルダーにする場合）
丸カン（キーホルダーにする場合）

● ● 用 具 ● ●
色鉛筆
はさみ
オーブントースター・アルミホイル
平らな板（まな板・本など）
プラスチック用ボンド（スタンドタイプにする場合）
穴あけパンチ（キーホルダーにする場合）

● ● 作り方 ● ●　※プラ板は商品によって、縮小率や加熱する際の温度が異なります。使用するプラ板の説明書をよく読んでから作りましょう。

① 絵を描き、切り取ります

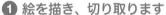

プラ板
❶色鉛筆で描く
❷ひとまわり
大きく切る

② 熱して縮めます

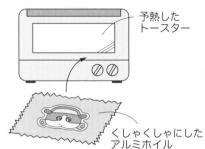

予熱した
トースター

くしゃくしゃにした
アルミホイル

③ 平らにして冷まします

熱いうちに平らなもので
おさえ、冷ます

[スタンドタイプにする場合]

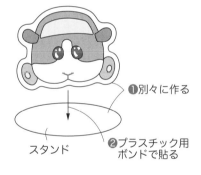

❶別々に作る
❷プラスチック用
ボンドで貼る
スタンド

[キーホルダーにする場合]

❶色鉛筆で描く
❷穴あけパンチで抜く
❸ひとまわり
大きく切る
❹熱して縮める

ボールチェーン
丸カン

● ● 実物大の図案 ● ●　※このほかの図案はP.54-56

[ポテト]

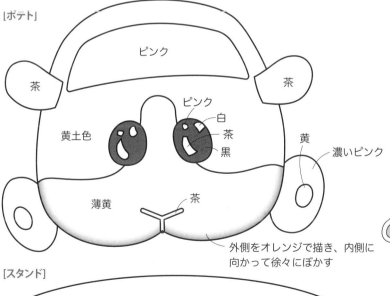

ピンク
茶
茶
ピンク
白
茶
黒
黄土色
黄
濃いピンク
薄黄
茶
外側をオレンジで描き、内側に
向かって徐々にぼかす

[スタンド]

※色は塗らない

[シロモ]
外側をグレーで描き、内側に向かって徐々にぼかす

グレー

白　白

ピンク　白

茶　黒

緑　緑

白

黄　黄

茶

[チョコ]
外側をオレンジで描き、内側に向かって徐々にぼかす

黄

エメラルドグリーン

黄

外側の線：こげ茶

内側：薄茶

白

ピンク

黒

紫

茶

水色

黒

水色

[パトモルカー]

ピンク

赤

赤紫

薄赤

グレー

水色

黄

黄

ピンク

白

赤

赤紫

黄

青

青

黄

茶

黄

●プラ板 One Point ●

色は薄めに！
熱して縮めると、色が濃くなります、
色は薄めに塗りましょう。

54

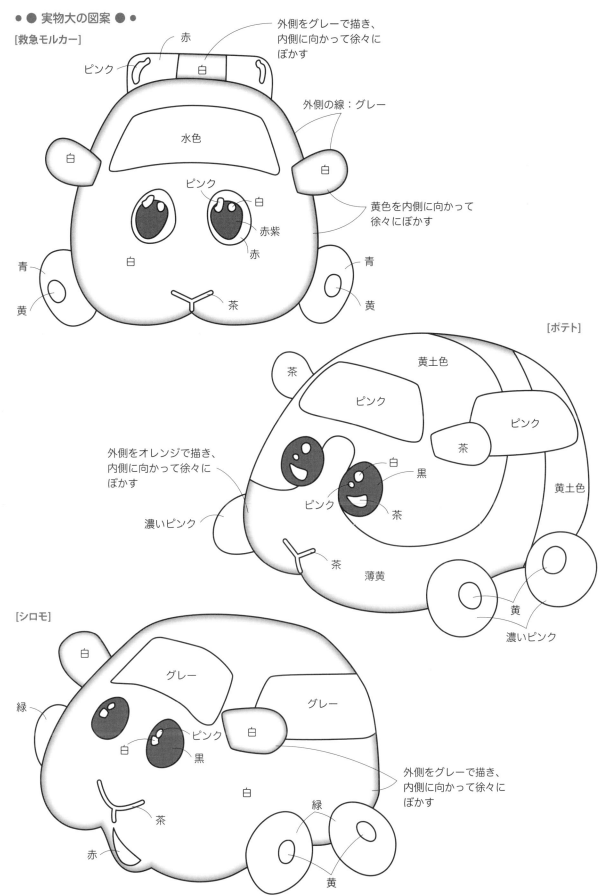

● ● 実物大の図案 ● ●

[救急モルカー]

赤

ピンク

外側をグレーで描き、
内側に向かって徐々に
ぼかす

白

外側の線：グレー

水色

白

白

ピンク
白
赤紫
赤

黄色を内側に向かって
徐々にぼかす

青
黄

白

青
黄

茶

[ポテト]

茶

黄土色

ピンク

ピンク

茶

黄土色

外側をオレンジで描き、
内側に向かって徐々に
ぼかす

濃いピンク

白
黒

ピンク
茶

茶

薄黄

黄

濃いピンク

[シロモ]

白

グレー

グレー

緑

白

白
黒

ピンク

外側をグレーで描き、
内側に向かって徐々に
ぼかす

白

緑

茶

赤

黄

[チョコ]

茶

黄

黄

外側をオレンジで描き、
内側に向かって徐々に
ぼかす

エメラルドグリーン

外側の線：こげ茶
内側：薄茶

紫　　黒

黄

白

ピンク

黒

水色

黄

水色

[救急モルカー]

外側をグレーで描き、
内側に向かって徐々に
ぼかす

赤

ピンク

白

白

水色

水色

白

ピンク

白

赤

赤紫

赤

水色

黄色を内側に向かって
徐々にぼかす

茶

青

黄

青

[パトモルカー]

ピンク

赤

薄赤

赤紫

グレー

薄青

黄

外側をオレンジで描き、
内側に向かって徐々に
ぼかす

薄青

黄

ピンク

白

赤

赤紫

白

外側の線：オレンジ

POLICE

青

黄

黄

茶

青

黄

青

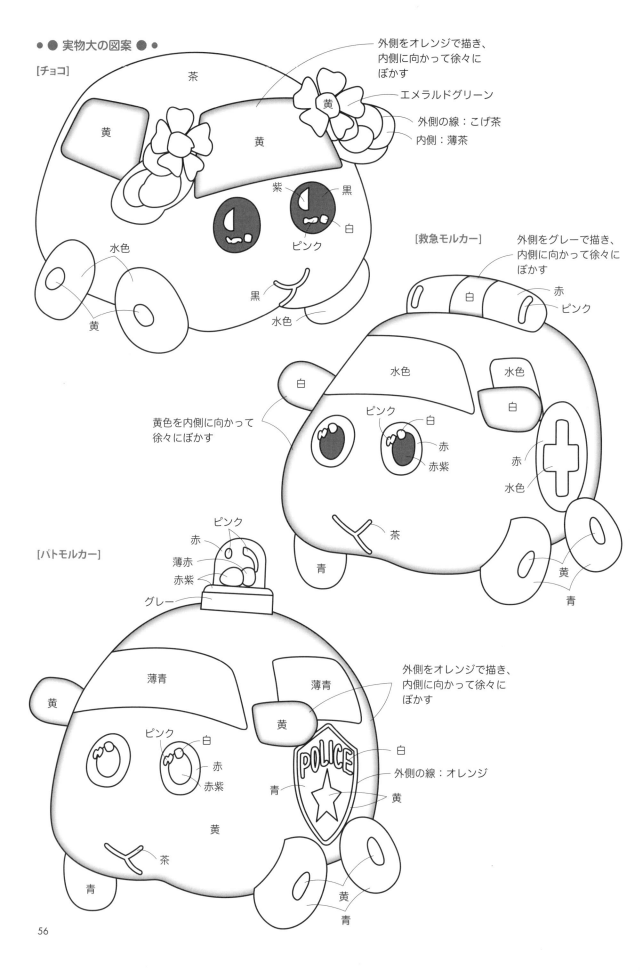

P.27 刺しゅう クロスステッチのミニフレーム

○○○

● ● 材料 ● ●

[ポテト]
布（クロスステッチ用布13カウント）15cm×15cm
DMC25番刺しゅう糸　クリーム（746）・黄土色（783）・ピンク（603）・濃いピンク（600）・
薄ピンク（963）・茶（975）・黒（310）・黄（445）・白（BLANC）・薄茶（3772）
[チョコ]
布（クロスステッチ用布13カウント）15cm×15cm
DMC25番刺しゅう糸　赤茶（3858）・薄茶（3772）・やまぶき（743）・水色（996）・青（3838）・
薄青（800）・黄（445）・黒（310）・薄ピンク（963）・白（BLANC）・こげ茶（838）

● ● 図案 ● ●　※全て2本どりでクロスステッチ

□ 白	▽ クリーム	◉ 濃いピンク	▣ 薄青
■ 黒	▼ 黄土色	▨ 薄茶	▣ 水色
○ 薄ピンク	▼ 茶	▨ 赤茶	■ 青
△ 黄	◎ ピンク	△ やまぶき	

[ポテト]

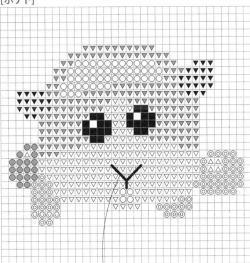

バックステッチ
（薄茶・2本どり）

[チョコ]

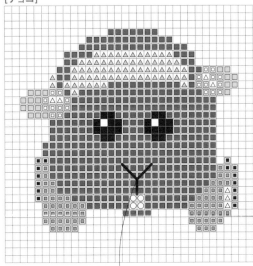

バックステッチ
（こげ茶・2本どり）

クロスステッチの刺し方

[1マスを刺すとき]

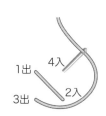

[続けて刺すとき]

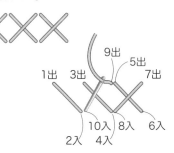

57

P.26 刺しゅう 巾着

● ● 材料 ● ●

布(木綿地)39cm×26cm
丸ひも　1m20cm
DMC25番刺しゅう糸　オレンジ(740)

● ● 製図 ● ●

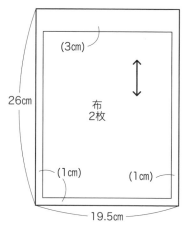

(3cm)

26cm

布
2枚

(1cm)　　(1cm)

19.5cm

● ● 作り方 ● ●

❶ 端の始末をします

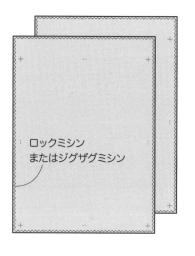

ロックミシン
またはジグザグミシン

❷ 刺しゅうをします

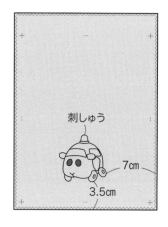

刺しゅう

7cm

3.5cm

❸ まわりを縫い合わせます

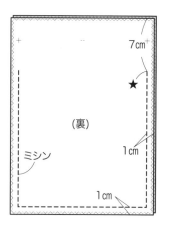

7cm

★

(裏)

1cm

ミシン

1cm

❹ ひも通し口・入れ口を縫います

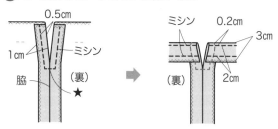

0.5cm

1cm

ミシン

脇

(裏)

★

ミシン　0.2cm

3cm

2cm

(裏)

❺ ひもを通します

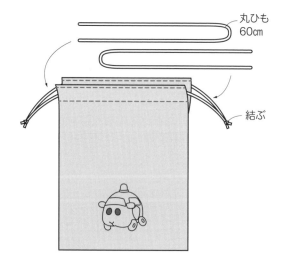

丸ひも
60cm

結ぶ

P.26 刺しゅう ハンカチ

● ● 材 料 ● ●

ハンカチ（リネン地）　40cm×40cm1枚
DMC25番刺しゅう糸　茶（3862）

● ● 作り方 ● ●

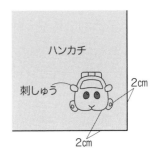

● ● ● 実物大の図案 ● ● ●

[パトモルカー]

バックステッチ
（3本どり）

サテンステッチ
（2本どり）

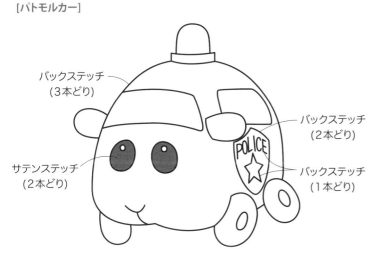

バックステッチ
（2本どり）

バックステッチ
（1本どり）

[救急モルカー]

バックステッチ
（3本どり）

サテンステッチ
（2本どり）

この本で使われたステッチ

[バックステッチ]

3出

1出・4入　2入

[サテンステッチ]

3出

1出

2入

[ストレートステッチ]

1出　2入

[チェーンステッチ]

3出
2入
1出

5出
4入
3

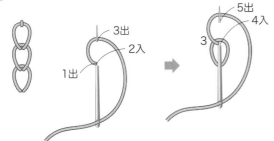

[フレンチナッツステッチ]

1出

2入　1出

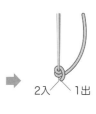

● ポテトのおにぎり ●

材 料
ごはん　茶碗軽く1杯分
肉そぼろ　適量
焼きのり、ハム、ちくわ、ウインナー(赤)
各適量
作り方
①ごはんをポテトの形ににぎります。
②頭の模様は肉そぼろをのせ、目は焼きのりとごはん、鼻は焼きのり、口はハム、耳はちくわ、タイヤはウインナーで作り、のせます。

● 肉そぼろ ●

材 料
鶏ひき肉　60g
しょうゆ、みりん　各大さじ1
砂糖　小さじ1
水　大さじ1
作り方
①鍋に材料を入れて混ぜ、火にかけます。
②弱火で箸4〜5本でポロポロになるまで炒りつけます。

● 鶏のごまから揚げ ●

材 料
鶏もも肉　80g
塩・コショウ　少々
しょうゆ、みりん　各小さじ1/2
溶き卵　大さじ1
片栗粉　大さじ1
白ごま　適量
揚げ油　適量
作り方
①鶏肉は食べやすい大きさに切り、塩・コショウし、しょうゆ、みりんにつけます(約5分)。
②①に溶き卵、片栗粉を加えて混ぜ、白ごまをつけます。
③中温(170℃)の油で4〜5分揚げます。

● かぼちゃサラダ ●

材 料
かぼちゃ　1/8個
きゅうり　1/8本
マヨネーズ　大さじ1
塩・コショウ　少々
作り方
①かぼちゃはひと口大に切り、皮をむきます。きゅうりは小口切りにします。
②①のかぼちゃは柔らかくなるまでゆでます。
③②と①のきゅうりを合わせ、マヨネーズ、塩・コショウで和えます。

● 枝豆串 ●

材 料
冷凍枝豆　適量
作り方
①枝豆はゆでます。
②①のあら熱が取れたら、さやから出し、ピックに刺します。

● ゆでたブロッコリー、プチトマト ●
● いちご、オレンジ ●

● ● 実物大の型紙 ● ●

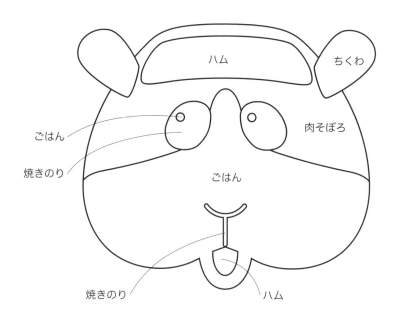

ハム
ちくわ
ごはん
焼きのり
肉そぼろ
ごはん
焼きのり
ハム

● キャラ弁 One Point ●

ラップを活用しましょう!

おにぎりは、ごはんの上にラップをのせ、上から形ににぎりましょう。

個包装チョコレートがチョコペンがわりになります

袋ごと50℃くらいのお湯につけてチョコレートを溶かし、角を切って使います。

● ● ポテトの模様の作り方 ● ●

前

側面

上

● ポテトのパン ●

材料
バターロール　1個
ハム　1/2枚
ウインナー（赤）　1本
サンドイッチ用パン　適量
チョコレートペン（チョコ、ホワイト）
各1本
マヨネーズ　適量
作り方
①バターロールの皮を右の写真のように薄くはぎます。
②窓はハム、タイヤはウインナーで作り、耳はサンドイッチ用パンを薄くのばして切り、オーブントースターで焼きます。
③目、口はチョコレートペンで描き、耳はさし、窓、タイヤはマヨネーズを薄く塗ってつけます。

● ゆでたブロッコリー、プチトマト ●
● ジャム ●

● チョコのパン ●

材料
バターロール　1個
スライスチーズ（チェダー）　1/2枚
かまぼこ（白）　適量
色粉（青）　少々
サンドイッチ用パン　適量
チョコレートペン（チョコ、ホワイト）
各1本
マヨネーズ　適量
作り方
①バターロールはオーブントースターで焼きます。
②窓はスライスチーズ、タイヤはかまぼこを丸く抜き、水に色粉を入れた色水につけて作ります。耳はサンドイッチ用パンを薄くのばして切り、オーブントースターで焼きます。
③目、口はチョコレートペンで描き、耳はさし、窓、タイヤはマヨネーズを薄く塗ってつけます。耳のところにお花のピックを刺します。

①バターロールのポテトの模様の境目（- - - -）に、浅く切り込みを入れます。
②白くしたい部分の皮を、薄くはぎます。

● ● 実物大の型紙 ● ●
※この本で作ったサイズです。バターロールの大きさに合わせて、拡大・縮小してください。

［目］

チョコレートペン
（チョコ）

（ホワイト）

［鼻］

（チョコ）

［窓（前・後ろ）］

［窓（側面）］

［ポテトの耳］

［チョコの耳］

● ● 材 料 ● ●

[プレーンクッキー](約12枚分)
無塩バター　80g
粉糖　80g
卵(M)　1個
[粉類]
　薄力粉　200g
　ベーキングパウダー　小さじ1/2
　塩　少々
[ココアクッキー](約12枚分)
無塩バター　80g
粉糖　80g
卵(M)　1個
[粉類]
　薄力粉　200g
　ベーキングパウダー　小さじ1/2
　ココア　小さじ1
　塩　少々
[共通]
チョコレートペン(チョコ、ホワイト、ピンク、ブルー、イエロー、パープル)

● ● 下準備 ● ●

❶バター、卵は冷蔵庫から出し、室温にもどしておきます。
❷粉類は合わせてふるっておきます。
❸天板にクッキングシートを敷いておきます。
❹オーブンは170℃に予熱しておきます。

● ● 作り方 ● ●

❶ボウルにバター、粉糖を入れ、泡立て器で白っぽくなるまで混ぜます。
❷❶に溶いた卵を少しずつ加えて混ぜます。
❸❷にふるった粉類を加え、へらでさっくりと切るように混ぜ、ひとまとまりにします。
❹❸をラップで包み、冷蔵庫で約1時間休ませます。
❺台に薄力粉(分量外)をふり、❹を麺棒で約3mm厚さにのばします。
❻型紙に合わせて❺の生地を切り、天板にのせ、170℃のオーブンで約12分焼きます。
❼あら熱が取れたら、チョコレートペンで描きます。

● ● 実物大の型紙 ● ●
※(　)内はチョコレートペンの色

[ポテト]
プレーンクッキー
(チョコ)
(ピンク)
(チョコ)
(イエロー)
(ホワイト)
(チョコ)
(ピンク)
(イエロー)
(ピンク)

[シロモ]
(チョコ)
(パープル)
(ホワイト)
(チョコ)
プレーンクッキー
(ピンク)
(ブルー)
(イエロー)

[アビー]
(ブルー)
プレーンクッキー
(チョコ)
(ホワイト)
(チョコ)
(チョコ)
(イエロー)
(ピンク)

[テディ]
(チョコ)
(チョコ)
ココアクッキー
(ホワイト)
(チョコ)
(イエロー)
(ピンク)

P.31 アイスクリーム

[ポテト]

[チョコ]

[テディ]

● ● 実物大の型紙 ● ●
※全てチョコレートペン

[窓(共通)]

[ポテト](ピンク)
[チョコ](イエロー)
[テディ](チョコ)

[目(共通)]
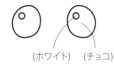

（ホワイト）　（チョコ）

[鼻(共通)]　[耳(ポテト・テディ)]　[耳(チョコ)]　[花(チョコ)]

（チョコ）　（チョコ）　（チョコ）　（ブルー）
（イエロー）

● ● 材 料 ● ●

[ポテト]
アイスクリーム[レディボーデン バニラ]　適量
アーモンドチョコレート　1個
チョコレートペン(チョコ、ホワイト、ピンク)
各1本
きな粉　少々

[チョコ]
アイスクリーム
[レディボーデン チョコレート]　適量
アーモンドチョコレート　1個
チョコレートペン(チョコ、ホワイト、ブルー、
イエロー)　各1本

[テディ]
アイスクリーム
[レディボーデン ミニカップ コーヒー]　適量
アーモンドチョコレート　1個
チョコレートペン(チョコ、ホワイト)　各1本

[共通]
コーンフレーク　各適量

● ● 下準備 ● ●
器にコーンフレークを入れておきます。

● ● 作り方 ● ●
❶クッキングシートにチョコレートペンで
目、鼻、窓、耳、花を描き、固まるまで置
きます。タイヤはアーモンドチョコレート
を1㎝厚さに切ります。
❷アイスクリームを冷凍庫から室温に出し、
すくいやすい固さになったら、ディッシャ
ーで丸くすくって器にのせます。（ディッ
シャーがなかったらスプーンで丸くすくい
ます）
❸ポテトはアイスクリームの下半分にクッ
キングシートをあて、その上からきな粉を
ふり、目の間部分のきな粉を取ります。
❹パーツをのせ、耳を刺します。

P.31 パフェ

● ● 材 料 ● ●
モルカーのアイスクリーム(上記)
いちご　適量
コーンフレーク　適量
ホイップクリーム　適量

● ● 作り方 ● ●
❶器にコーンフレークを入れ、食べやすい大
きさに切ったいちごをのせ、ホイップクリー
ムを絞ります。
❷❶にモルカーのアイスクリームをのせます。

[チョコ]

ココアクッキー
（イエロー）　（ブルー）
（チョコ）

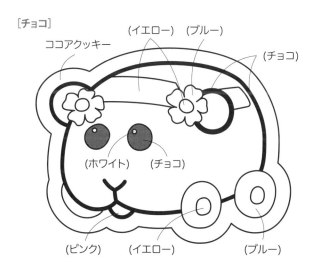

（ホワイト）　（チョコ）

（ピンク）　（イエロー）　（ブルー）

スタッフ

作品デザイン
寺西 恵里子

撮影
奥谷 仁　安藤 友梨子

ブックデザイン
NEXUS DESIGN

作品制作
森 留美子　やべ りえ　高木 敦子　菅原 智恵子　大島 ちとせ
うすい としお　池田 直子　植田 千尋　澤田 瞳　奈良 縁里

料理制作
並木 明子

作品制作・作り方まとめ
千枝 亜紀子

監修
見里 朝希　シンエイ動画

制作
モルカーズ

編集協力
ピンクパールプランニング

校閲
滄流社

材料協力

作り方ページの各材料の（　）内の数字は色番号です。

●アクレーヌ・フェルト羊毛・毛糸
ハマナカ株式会社
〒616-8585　京都府京都市右京区花園薮ノ下町2番地の3
☎ 075(463)5151(代)　FAX 075(463)5159
ハマナカコーポレートサイト
hamanaka.co.jp

●刺しゅう糸
ディー・エム・シー株式会社
〒101-0035　東京都千代田区神田紺屋町13番地　山東ビル7F
ホームページ
https://www.dmc.com/

●アイロンビーズ
株式会社カワダ
長野工場お客様サービス課
〒389-0514　長野県東御市加沢1409
☎ 0268-62-5270
パーラービーズオフィシャルホームページ
http://www.diablock.co.jp/perlerbeads/

●アイスクリーム・チョコレート
株式会社ロッテ
お客様相談室
〒160-0023　東京都新宿区西新宿3-20-1
ホームページ
https://www.lotte.co.jp

PUI PUI モルカーの
プイプイハンドメイド

編集人
石田 由美

発行人
倉次 辰男

発行所
株式会社 主婦と生活社
〒104-8357　東京都中央区京橋 3-5-7
https://www.shufu.co.jp/
編集部 ☎ 03-3563-5361　FAX 03-3563-0528
販売部 ☎ 03-3563-5121
生産部 ☎ 03-3563-5125

製版所
東京カラーフォト・プロセス株式会社

印刷所
凸版印刷株式会社

製本所
株式会社 若林製本工場

ISBN978-4-391-15617-1

十分に気をつけながら造本していますが、万一、乱丁・落丁の場合は、
お買い求めになった書店か小社生産部へご連絡ください。お取り替え
いたします。